少年口才

喂，是110吗

向人求助"我"不怕

时间岛图书研发中心◎编绘

北京时代华文书局

图书在版编目（CIP）数据

少年口才班. 喂，是110吗 / 时间岛图书研发中心编绘. -- 北京：北京时代华文书局，2021.6
ISBN 978-7-5699-4197-5

Ⅰ. ①少… Ⅱ. ①时… Ⅲ. ①口才学－少儿读物 Ⅳ. ①H019-49

中国版本图书馆CIP数据核字（2021）第112950号

少年口才班　喂，是110吗
SHAONIAN KOUCAIRAN WEI, SHI 110 MA

编 绘 者 | 时间岛图书研发中心

出 版 人 | 陈　涛
选题策划 | 郄亚威
责任编辑 | 石乃月
封面设计 | 王淑聪
责任印制 | 刘　银

出版发行 | 北京时代华文书局 http://www.bjsdsj.com.cn
　　　　　北京市东城区安定门外大街138号皇城国际大厦A座8楼
　　　　　邮编：100011　电话：010-64267955　64267677
印　　刷 | 唐山富达印务有限公司　电话：022-69381830
　　　　　（如发现印装质量问题，请与印刷厂联系调换）
开　　本 | 787mm×1092mm　1/32　印　张 | 1.5　字　数 | 16千字
版　　次 | 2021年6月第1版　印　次 | 2021年6月第1次印刷
书　　号 | ISBN 978-7-5699-4197-5
定　　价 | 160.00元（全10册）

版权所有，侵权必究

向人求助 不要慌乱

- 面对欺凌 **不惧威胁**
- **被拒绝** 也要真诚感谢
- 勇敢向陌生人 **求助**
- 求助110 **分清情况**
- 求助于人时 **不使人为难**

主人公登场

夏小佐

个人简介

不太守规矩，酷爱新鲜事物，任何场合都能玩得很嗨的夏小佐

夏小佑

个人简介

成绩超好，举止优雅，爱帮助别人的暖心小女孩夏小佑

贾博

个人简介

喜欢认识新朋友，口才一级棒，有时候却粗心大意到让人抓狂的贾博

米娜

个人简介

爱吃草莓，胆子小，说话温柔，爱哭又爱笑的米娜

柏丽尔

个人简介

喜欢扎马尾辫，热爱小动物的高个子女生柏丽尔

小佐妈妈

个人简介

注重形象，做得一手好菜，却害怕猫的小佐妈妈

小佐爸爸

个人简介

慢条斯理，经常挨妈妈批评的小佐爸爸

雪老师

个人简介

有学问又有耐心，非常了解孩子的班主任雪老师

苗校长

个人简介

和蔼可亲，又不失幽默风趣的胖胖的苗校长

目 录 MULU

故事 1 我来给你当保镖　　001
主演
客串

故事 2 现学现卖　　010
主演
客串

故事 3　鬼鬼祟祟的伯伯　018

主演
客串

故事 4　一只流浪猫　026

主演
客串

故事 5　喂，是110吗　033

主演
客串

"求人办事"不是一件容易的事，想要第一时间得到他人的帮助，就要掌握一些表达技巧：

克服恐惧，

礼貌先行，

称呼得体，

表述清晰。

在遇到危急情况时，父母一定要让孩子注意打"110"的事项，以便在关键时刻发挥作用。

故事 1

我来给你当保镖

放学铃声一响,同学们排着整齐的队伍走出学校的大门。

"哎呀,肚子好饿啊,我要回家去吃一个大面包。"夏小佐和夏小佑不由自主地加快了脚步,贾博却慢吞吞地走着,一点儿也不着急。

"你肚子不饿吗?怎么一点儿也不着急?"夏小佐问。

"那个，"贾博低着头，吞吞吐吐地说，"你们先回家吧，我晚一点儿再回去。"

"有什么事吗？"

"没事没事，我很快就回去，你们就别问了，快走吧！"贾博一边说，一边慌里慌张地东张西望。

贾博今天太反常了。夏小佐和夏小佑实在不放心，就在一棵大树后面躲了起来，悄悄看着。

很快，两个大个子男生朝贾博走了过来。他们是五年级的学生，夏小佐曾经在校园里见过他们。

他们凶巴巴地问贾博："东西呢？快拿出来。"

"马上，马上。"贾博从书包里掏出一个指尖陀螺，战战兢兢地交给了两个大个子男生。他们还是不死心，又盯着贾博的书包问："书包里面还有什么好东西吗？"贾博紧紧地抱着书包说：

"只有书和作业,什么也没有了。"

"**拿过来!**"一个大个子粗暴地从贾博手里把书包夺过去,结果什么好东西也没翻到,便狠狠地把书包扔在地上,嘴里骂着脏话扬长而去。贾博偷偷抹了一把眼泪,默默地把书包捡起来。

夏小佐、夏小佑赶忙跑了过来。"**他们为什么欺负你?**"夏小佐气愤地说,"我们得把这件事告诉老师和爸爸妈妈。"

"**别!** 他们说要是我告诉别人,他们就打

我。"贾博含着泪说出了事情的经过：今天上午大课间，贾博玩耍的时候，一不小心撞到了这两个大个子，贾博赶忙给他们赔礼道歉，可他们却威胁贾博把自己的好东西交出来，并警告他不能告诉别人。

"竟然欺负低年级同学，太可恶了。"夏小

佑刚才吓坏了,现在才缓过神儿来。

贾博从来没有遇见过这样的事,吓得脸色苍白。他怕那两个大个子报复,恳求夏小佐和夏小佑不要告诉老师。

夏小佑说:"如果不告诉老师或家长,他们以后还会欺负你的。"

贾博觉得已经把指尖陀螺给他们了,他们就不会再欺负自己了,就没有把这件事告诉爸爸妈妈,也没向老师报告。结果,第二天放学后,贾博和夏小佐、夏小佑刚出校门口没多远,那两个大个子又拦住了贾博,抢走了他新买的铅笔盒。

"贾博,去告诉老师吧,老师会帮你的。"夏小佑实在看不下去了。夏小佐也觉得应该向老师和家长求助。

在两个好朋友的劝说下,贾博终于鼓起勇气,把自己遭遇的事告诉了曹老师和爸爸妈妈。

曹老师认为他们这是在搞校园霸凌，这是非常恶劣的行为，赶紧报告了校长。校长对两个大个子男生进行了严厉的批评教育。他们认识到了自己的错误，主动把抢来的东西还给了贾博，并向他赔礼道歉，还保证以后再也不欺负其他同学了。

爸爸妈妈不放心，每天亲自接送贾博上学、放学，给他当保镖。贾博终于可以安心地上学了，他感激地对夏小佐和夏小佑说："多亏你们提醒我向老师求助，要不然我还会被欺负呢！"

夏小佐得意扬扬地说："以后不用你的爸爸妈妈接送你了，我们给你当保镖，看看谁还敢欺负你！"

"就知道吹牛，"夏小佑说，"那天他们抢贾博东西的时候，你不是也被吓坏了吗？"

"嘿嘿……"

想起那天的经历，夏小佐还真有点儿害怕呢！真希望校园里再也不要出现这样的事，大家开开心心地在一起学习，多好啊！

老师说

在学校里,遇到被人欺负或者被排挤的情况,一定要告诉老师或家长,请求他们的帮助。千万不要因为害怕就自己憋在心里,那样只能使做坏事的人更加嚣张,给自己带来更深的伤害。

故事2

现学现卖

丁零零,下课了。

安静的校园一下热闹起来。夏小佐拿着杯子去接水,柏丽尔叫住他,说:"你能帮我接一杯吗?我得把作业抱到曹老师的办公室去。"

"不好意思,"夏小佐把两只手伸过来,柏丽尔才发现他两只手里都拿着一个水杯,"贾博去厕所了,我得帮他接水。你找别人帮你接吧!"夏小佐充满歉意地笑了笑。

"好吧，谢谢你。"

柏丽尔说完就去找米娜帮忙了。

夏小佐愣在原地，小声说："奇怪，我又没有答应帮她的忙，她为什么还要谢谢我呢？""那是人家柏丽尔懂礼貌！"走过来的夏小佑说。

"我早就知道。"夏小佐撇撇嘴，拿着水杯走了。

音乐课上，老师说："今天我要教你们唱《义勇军进行曲》。"

"啊！一听就是首老歌，真没劲。"同学们的兴趣立刻没了一大半。

"没错，这首歌诞生于1935年，的确是一首老歌，但你们肯定会喜欢。"说着，老师自己先唱了起来，"起来，不愿做奴隶的人们……"

天啊，这不是国歌吗？同学们顿时激动得两眼放光。每个星期一升旗的时候，大家都会跟着旋律唱国歌，却不知道我们的国歌叫《义勇军进行曲》！

"我听你们唱国歌的时候，有几句不太标准，所以今天咱们来认真学一下。"老师亲自示范了两遍之后，用手打着拍子一句一句地教大家唱。

这首歌的曲调高亢有力，大家都学得非常认真。可是夏小佐有一句歌词怎么也唱不对。

"老师，你能……"他的话还没说完，下课铃就响了，音乐老师说："夏小佐，你有什么事吗？"

夏小佐说："老师，我有一句唱得和其他同学不一样，您能再教教我吗？"

"**真不巧**，"音乐老师看了看手表，说，"校长说4点要开会，我得马上过去，你先让其他同学教教你吧！"说完，老师抱着课本急匆匆地走了。

"好的,谢谢老师。"

夏小佐看着老师的背影微笑着说。

"嘿!"一双小手捂住夏小佐的眼睛,神神秘秘地说,"猜猜我是谁。"

"还用猜吗,当然是我的双胞胎妹妹了。你这个声音,我从一出生的时候就开始听,还能听不出来?"

"嘻嘻,"夏小佑把手拿下来,由衷地赞叹道,"哥哥,你学得挺快呀。"

"**学什么?**"夏小佐被夏小佑说糊涂了。

"被拒绝之后不生气,不懊恼,依然对人家说谢谢啊!课间的时候,柏丽尔教你的。"

"**我这叫现学现卖,**"夏小佐说,"再说音乐老师又不是故意不教我,他是真的有急事,我怎么能生气呢?"

"你以前可不是这样。"夏小佑说,"上个星期,你让我帮你洗苹果,我没答应,你就生气了,三天没理我,还说我小气呢!"

在夏小佑的提醒下,夏小佐也想起了这件事。那是一个下午,夏小佐和夏小佑一起看动画片的时候肚子饿了。他看得正在兴头上,不愿意起来,就让夏小佑帮他洗个苹果。夏小佑也看得入迷了,就没答应。没想到,夏小佐竟然生气了,三天一句话也没和夏小佑说,上学的时候都不和她一起走。

想起这件事，夏小佐的脸红了。他在心里想："就算妹妹不帮我洗苹果，我也用不着生那么大的气呀！再说自己有手有脚，而且还是哥哥呢，应该主动帮妹妹洗苹果，为什么要让她伺候自己呢？真是太不应该了。"

虽然在心里认识到了自己的错误，但夏小佐不好意思当面承认。"嘿嘿，那个时候我还小呢，现在我长大了。"他丢下这么一句话，嗖的一下就没影儿了。

"跑得比兔子还快呢！" 夏小佑咯咯咯地笑了起来。

老师说

向人求助时被拒绝，你会失落生气吗？其实站在对方的角度想一想，你会发现完全没有必要。也许人家正忙，没办法提供帮助；也许人家遇到了伤心的事，心里正不痛快呢！不管怎么样，当我们开口求助时，已经是在打扰别人了，所以礼貌地说一声谢谢是应该的。

故事 3

鬼鬼祟祟的伯伯

游乐园对每个孩子都有难以抵抗的吸引力。对于夏小佐这样爱玩的孩子来说，就更是如此了，他恨不得天天住在游乐园里。

这不，周六一大早，他就把贾博从被窝里拉出来，冲向了游乐园。跟屁虫妹妹夏小佑当然也跟着去了。

"我长大以后要在游乐园里当保安，那样我

就可以天天玩了。"

"保安要保护人们的安全，才没时间玩呢！"

"没错，永远当一个小孩儿才行。"

他们在路上，聊得热火朝天。走着走着，夏小佑忽然觉得不太对劲儿："后面那个伯伯好像一直在跟着咱们。"

"**真的吗?**"夏小佐和贾博立刻警觉起来。他们悄悄往后看了看，果然，有位伯伯在距离他们不远的地方，一边走一边东张西望，看起来鬼鬼祟祟的。

"我们是不是遇到坏人了?"

夏小佑又担心又害怕。

"**不一定**,"贾博说,"他可能正好跟咱们走的是同一条路。"

"就是,先别害怕,咱们再往前走走。"夏小佐嘴上说着不怕,心里却在打鼓,不由自主地加快了脚步,夏小佑和贾博也跟着他加快了速度。结果……那位伯伯竟然也加快了速度,甚至还小跑了两步,一直和他们保持不远不近的距离。

"坏了,坏了,真的遇到坏人了。怎么办呢?"夏小佐心里一慌,也没主意了。

三个小伙伴一边急匆匆地往前走,一边四处看,周围都是陌生人,一个熟悉的面孔也没有,这让他们心里更害怕了。

"我们向陌生人求助吧!"夏小佐试探着说。

"不太好吧,"夏小佑担忧地说,"他们又不认识我们,会帮忙吗?"

"我也不太好意思跟陌生人开口。"贾博心里也没把握。

时间一分一秒地过去了,那个伯伯还没有要离开的意思。夏小佐实在不想继续这么拖下去了,于是他把心一横,说:"管不了那么多了,先试试看吧!"

打定主意以后,他紧跑两步,追上前面的一

位叔叔，鼓起勇气说："叔叔，后面有个伯伯一直在跟踪我们，请您救救我们。"

叔叔马上停下来，转身看向身后，指着那个伯伯问："是他吗？"

"没错，就是他！"正在他们说话的时候，那个伯伯走到了跟前。叔叔拦住他问："你为什么要跟踪这三个孩子，你要干什么？我马上拨打110。"说着，他真的掏出了手机。

"别报警！别报警！"那个伯伯突然惊慌失措地说，"我没跟踪他们，我以为那个戴帽子的是我儿子呢！"

原来，伯伯是个出租车司机，刚好送一个客人到附近来，无意间看见了夏小佐等三人，夏小佐的帽子跟他儿子的一模一样，外形也非常像。伯伯以为是儿子又偷跑出来玩了，就跟了过来，想一探究竟。

"真对不起，我没想到会吓到你们。给你们添麻烦了。"伯伯歉疚地挥挥手。

听到伯伯的话，夏小佐倒不好意思起来，嘿

嘿笑着说："没关系，只是一场误会而已。"

误会解除了，伯伯又去工作了。

夏小佐他们松了一口气，对帮助他们的叔叔说："谢谢你，叔叔。"

"小事一桩，不用客气。"叔叔和他们说了声再见，就迈开大步向前走去。三个小伙伴如释重负。

"你们看，陌生人也没有那么可怕。"

"是啊，多亏了这个叔叔，我都被吓坏了。"

"看来，在外面遇到了危险，向陌生人求助是一个不错办法。毕竟我们不可能一直和熟悉的人在一起。"

"又学会了一招，今天没白出来。"三个小伙伴手拉着手，继续向游乐园的方向走去。

老师说

我们不可能时时刻刻都和亲朋好友在一起。当我们需要向人求助时，如果身边有警察，就找警察帮忙；如果没有警察，可以去向居委会、保安叔叔、商场中穿制服的工作人员求助。向陌生人求助时，要注意礼貌用语，同时要说明求助的原因。

故事#

一只流浪猫

"喵——喵——"

一只小猫藏在小花园的花坛里,叫得非常可怜。夏小佑说:"太可怜了,我们把它带回家吧!"

"不行,"夏小佐坚决反对,"妈妈对猫毛过敏,上次她去李阿姨家串门,回来以后起了一

身疙瘩，又红又痒，多难受啊！"

"那怎么办呢？它实在太可怜了，万一下雨了，它会被淋病的。"夏小佑看着可怜兮兮的小猫，眼里泛起了泪花。

"让我想想啊！"夏小佐突然想到一个好主意，他抱起小猫，和夏小佑来到米娜家。米娜看见小猫吃惊地问："哪里来的小猫？"

"我们在花园里捡的，我妈妈对猫毛过敏，能让它先在你家住两天吗？等我们找到想收养它的人家以后，就把它接走。"

"我倒是没意见，不过我得先问问妈妈。"米娜脸上露出很为难的样子。

"你妈妈也对猫毛过敏吗?"夏小佑问。

"不是,不是,"米娜摇摇头,"我妈妈不喜欢宠物,她怕它们把屋子里弄得乱糟糟的。"

见米娜要拒绝,夏小佐硬生生地把小猫塞给她。"反正就待两天,你就帮帮忙吧。再见!"说完,他拉着夏小佑就跑了。

夏小佑说:"这样做不太好吧,米娜看起来好像很为难。"

"咳,没事,我们抓紧时间给小猫找个好主人就行了。"夏小佐根本没把这件事放在心上。

晚上,夏小佐一家人正在看电视,楼道里忽然传来了小猫的叫声。

"哎呀,外面有猫。"妈妈全身的汗毛都竖起来了。

就在这个时候,门铃响了。夏小佐打开门,看见米娜抱着小猫站在门口。

"夏小佐，小猫把我家的沙发都抓坏了，妈妈把我臭骂了一顿，还是把小猫还给你吧。"

"不是说好了只让它在你家待两天吗？求求你了，你就帮帮忙吧！"夏小佐正说着，爸爸走过来，说："小佐，米娜不方便帮忙，就别让人家为难了。这样会给人家添麻烦的。"

"**谢谢叔叔**。"米娜把小猫塞给夏小佐，转身就跑了。

为了不让妈妈过敏，夏小佐抱着小猫来到门外，爸爸和夏小佑也跟了出来。

"爸爸，真的要把它送到花园里去吗？"夏小佐的眼神里充满了期待与不舍。

爸爸想了一会儿，眼前一亮："有办法了，我们今天就先让它在家待一晚上，明天带它去一个好地方。"

爸爸说的好地方，就是流浪动物收容所，那里有很多流浪猫和流浪狗，都被照顾得非常好。把小猫放在那里，夏小佐和夏小佑再也不用担心了。

走在回家的路上，夏小佐疑惑不解地问："爸爸，好朋友之间不是要互相帮忙的吗？米娜不帮我的忙，你为什么不责备她，反而要说我呢？"

爸爸耐心地说："遇到麻烦或问题，向好朋

友求助，是很聪明的做法。但求助的时候要讲究分寸，能自己做的事情，就不要麻烦别人。求助别人的时候，要看对方是不是方便帮忙，条件是不是允许，如果别人已经明确表示不能帮忙了，自己再继续纠缠，就会给别人添麻烦，让别人为难的。"

兄妹俩赞同地点了点头。虽然犯了一点儿小错误，但是能够帮小猫找到一个舒适的家，怎么说也算是做了一件好事，心里还是甜滋滋的。

老师说

生活中，每个人都会有向别人求助的时候，这时要记住两个原则：第一，能够自己做的事，就尽量不要麻烦别人，因为每个人的时间都是很宝贵的；第二，要考虑对方的感受，不要让对方感到为难或者困惑。绝不能像夏小佐一样，不管不顾地把困难和麻烦塞给别人。

故事 5

喂，是110吗

夏小佐天不怕地不怕，最怕的就是——**无聊**。

这天，爸爸妈妈去健身房健身了，交代兄妹俩在家里写作业，别出去乱跑。

夏小佑很听话，安安静静地在自己的房间里写作业。夏小佐呢，屁股上好像长了钉子，根本坐不住，一会儿望望窗外，一会儿看看阳台上的花，一会儿在沙发上翻跟头。

"无聊，无聊，太无聊了，小佑，你出来陪我玩一会儿吧！"夏小佐趴在夏小佑的门口，可怜巴巴地恳求道。

"玩什么？"夏小佑说，"妈妈说不让咱们出去。"

"那就在家里玩呗。"夏小佐的眼睛在客厅里四处打量。突然，他看见了桌子上的电话，"快来快来，我们给警察叔叔打电话。"

"110吗？"夏小佑也来了兴致。

"嗯嗯，我要和警察叔叔聊会儿天。"夏小佐拨通了110，怪里怪气地问，"喂，是110吗？"

电话那头传来一

个女人的声音："您好,这里是110报警指挥中心,请问您需要什么帮助?"

"**我太无聊了**,想和警察叔叔,不,警察阿姨聊天。"夏小佐嬉皮笑脸地说。

"小朋友,这是报警专用电话。"警察阿姨耐心地解释道,"如果我和你聊天,万一有人遇到危险电话就打不进来了,快把电话放下。这可不是闹着玩的。"

"**别**……"夏小佐话还没出口,警察阿姨就把电话挂断了。

夏小佐刚把电话放下,门外突然有人敲门:"您好,你们的外卖到了。""外卖?"夏小佐从猫眼中看见有个大哥哥站在门外,手里端着一盒比萨。他刚要开门,被夏小佑拦住了。

"家里只有我们两个小孩儿,万一他是坏人

怎么办？我们应该先确定一下是不是爸爸妈妈订的外卖。"夏小佑给爸爸妈妈打了好几个电话，但他们正在健身，谁也没接。

门外的大哥哥等得不耐烦了，不停地敲门催促。这时，夏小佐又想起了警察阿姨。他重新拨通了110，接电话的还是那个阿姨。

"阿姨，您好。我要报警。有个人来给我家送外卖，我和妹妹不能确定是不是爸爸妈妈点的外卖，不敢给他开门，但他一直在门口不走，我们很害怕，您能帮帮我们吗？我家住在幸福小区1号楼2单元101。"

"好的，你们待在家里千万不要开门。我们马上就到。"

听到警察阿姨的话，夏小佐和夏小佑心里稍微踏实了一点儿。

时间一分一秒地过去了，很快，两个警察来了。他们正在盘问那个大哥哥的时候，夏小佐的爸爸妈妈回来了。

妈妈看见外卖小哥手上的比萨，立刻充满歉意地说："哎呀，这是我在健身之前订的比萨，我以为到12点才能送来呢，没想到这么快。这是一场误会，警察同志，给你们添麻烦了。"

在爸爸妈妈把事情解释清楚之后，送餐的外卖小哥和警察都走了。爸爸妈妈对夏小佐和夏小佑主动找警察帮忙的做法提出了表扬，爸爸由衷地感叹道："**有困难找警察**，警察是人民的保护神！但是，没事的时候千万不要乱打110给警察添麻烦，那样会妨碍警察的正常工作，也挤占了他人正常报警、求助的权利。"

兄妹俩一边听着爸爸讲110的故事，一边吃着香喷喷的比萨，收获真不小啊！

老师说

　　110报警电话只有在遇到紧急情况，需要警察帮助的时候才能拨打。随意拨打110，会占用真正需要帮助的人的时间，他们会因此无法打进电话去求助，从而耽误了救援时间。另外，打110报警时，要用简洁清晰的语言说清警情发生的位置，听从警察的指挥和安排。